COMMENT VIVRE 7 VIES SANS AVOIR MAL AUX PIEDS

L'auteur

Évelyne Brisou-Pellen a fait des études de lettres modernes. À ce jour, elle a écrit environ 130 textes pour la jeunesse. Si elle puise parfois son inspiration dans sa région natale, la Bretagne, elle aime également situer l'action de ses romans dans des temps reculés ou dans des pays éloignés ; dans des mondes réalistes, ou bien fantastiques…

Du même auteur, chez Pocket Jeunesse :

La maison aux 52 portes
Himalaya, l'enfance d'un chef
Deux ombres sur le pont
Romulus et Rémus, les fils de la louve

Dans la collection
LES PROTÉGÉES DE L'EMPEREUR

1 - *Meurtre au palais*
2 - *Le destin d'Alaïs*
3 - *Droit dans le cœur*
4 - *Les sortilèges du feu*

Évelyne BRISOU-PELLEN

Comment vivre 7 vies sans avoir mal aux pieds

Illustrations de Catel

POCKET
jeunesse

Pour Jeannette

Loi n° 49-956 du 16 juillet 1949 sur les publications destinées à la jeunesse : novembre 2008.

ISBN 978-2-266-17388-9

1

Ah non !

Quand cette drôle d'histoire a commencé, j'étais garçon de café. Je ne sais pas comment j'en étais arrivé là, parce que ça ne me plaisait pas du tout, et que je n'étais pas fait pour ce métier.

Dans ce métier, on est tout le temps debout, on marche du matin au soir, il faut avoir l'œil vif pour remarquer les signes que font les clients, le poignet souple pour porter le plateau, une bonne mémoire pour se rappeler les commandes.

Moi, je n'aimais pas rester debout, ni marcher, je n'arrivais pas à remarquer les signes des clients, ni à porter un plateau sans renverser les verres. Quant aux commandes, je les mélangeais toujours, et je réclamais au bar « un chocolat avec une rondelle de citron » ou « un croque-monsieur avec une paille ».

Heureusement, les clients étaient tous des habitués, ils me connaissaient depuis longtemps, et n'en demandaient pas trop. Certains même mangeaient sans rien dire ce que je leur apportais en pensant que, finalement, c'était peut-être meilleur pour leur santé.

Donc, tout cela ne me gênait pas vraiment. Ce qui m'ennuyait le plus, c'est que j'avais en permanence mal dans le dos et des bourdonnements d'oreille.

Je finis par aller consulter un médecin.

— Je vois, je vois, me dit-il. C'est à force de porter un plateau à bout de bras, toujours de la même main.

Il me recommanda de changer de main.

Le lendemain matin, je tentai de suivre son conseil et de porter mon plateau de la main gauche.

Ce fut une catastrophe : plus de la moitié des commandes finirent par terre, et le patron commençait à me regarder d'un sale œil. Sans compter que j'avais renversé un jus d'ananas sur le chemisier d'une vieille dame, et que le sandwich aux rillettes avait atterri dans la gueule du chien de la maison. Tout le monde était furieux contre moi, sauf le chien, qui devint mon copain et ne me lâcha plus d'une semelle.

Je pris alors la décision d'aller consulter un deuxième médecin. Lui pensa que mon problème de dos venait de ma mauvaise façon de marcher, les pieds en dehors. Il me conseilla de marcher les pieds en dedans, et j'essayai de bonne grâce.

Hélas ! Je me prenais les pieds l'un dans l'autre sans arrêt et, ce jour-là, je m'affalai de tout mon long deux ou trois fois, dont une dans la gamelle du chien, qui décréta qu'il n'était plus mon copain et refusa désormais de me parler.

Le troisième médecin décida de m'opérer des oreilles et de la colonne vertébrale. Me voilà avec la tête bandée et un corset de plâtre, de fer, de plastique et je ne sais quoi, qui me prenait depuis les épaules jusqu'en bas du dos.

Imaginez comme c'était pratique !

Maintenant, non seulement mes oreilles sifflaient, mais je n'arrivais plus à me pencher pour poser les verres sur les tables, j'étais obligé de plier les genoux à chaque fois. Les clients croyaient que c'était pour faire de l'exercice. Certains même supposaient que c'était une façon originale de secouer la pulpe dans les bouteilles. Moi, je me sentais de plus en plus mal.

Le quatrième médecin m'ôta les amygdales, les végétations, l'appendice, la rate, une verrue et deux dents de sagesse. J'étais couvert de pansements, emballé de la tête aux pieds comme un paquet-cadeau, et je ne voyais franchement pas comment j'allais faire pour servir les clients. Il valait peut-être mieux que je prenne des vacances. Je demandai à mon patron :

— C'est dans combien de jours, Pâques ?

Il attrapa une bouteille de whisky sur l'étagère, la soupesa et me répondit :

— Dans soixante-douze jours.

Aïe ! Soixante-douze jours !

Tout de même un peu surpris par sa façon de faire, je tentai une autre question :

— … Et les grandes vacances ?

Il choisit cette fois une bouteille de porto, la souleva et après l'avoir tenue un moment à bout de bras, il annonça :

— Dans cent quatre-vingt-deux jours.

Franchement intrigué cette fois, j'essayai :

— Et vous pourriez me dire combien il y a de mardis au mois d'août ?

Il prend la bouteille de cognac et déclare :

— Cinq.

Incroyable ! Je m'ébahis :

— Et vous le savez rien qu'en soupesant les bouteilles ?

— C'est pas ça, dit le patron, c'est que, quand je les soulève, je vois le calendrier qui est derrière.

Le whisky est devant le mois de mars et le cognac sur août.

Je ne sus jamais si c'était vrai : je voulus m'approcher pour vérifier, mais comme je ne pouvais pas baisser la tête, je ne voyais rien sur le sol et je mis le pied sur l'os en plastique du chien. J'entendis un couinement si épouvantable que j'en lâchai mon plateau. Le sirop de menthe se répandit, je glissai dessus et m'étalai sur le dos. Le chien, tout heureux de cette aubaine, se précipita pour lécher le sirop. Aïe ! Il dérapa dans le liquide visqueux, glissa jusqu'au comptoir qu'il ébranla, et l'énorme pile d'assiettes si bien rangées me tomba dessus.

On n'imagine pas mourir plus bêtement.

J'arrivai à la porte du ciel juste avant la fermeture. Saint Pierre était en train de repousser le lourd battant de bois quand il m'aperçut.

— Tiens ! dit-il en triturant les grosses clés qu'il portait à la ceinture, je n'attendais plus personne ce soir.

Il me demanda mon nom et consulta le registre. Je n'étais pas prévu du tout. Je devais mourir à cent trois ans d'une crise cardiaque, pendant un match de rugby où je jouais demi d'ouverture. Que s'était-il donc passé d'anormal ?

Il consulta l'ordinateur, pour vérifier que le médecin avait bien signalé mon décès. Aucun doute, j'étais mort et bien mort !

Saint Pierre supposa qu'il y avait eu une erreur de programmation. Mais enfin… J'étais là, j'étais là ! Tant pis ! Il m'envoya au magasin général prendre mon nouveau costume.

Au ciel, la tenue est extrêmement simple : une grande robe blanche, et des chaussons de la même couleur.

Le magasinier ronchonna un peu, parce que c'était l'heure du repas et qu'il avait faim. (J'étais content : pour une fois, ce n'était pas moi qui servais.) Tout en fouillant sur les étagères, il s'informa :

— Quelle taille faites-vous ?

Je répondis :

— XL…

— Taille 4, traduisit-il. Et les chaussures ?

— 42.

Il me regarda, considéra mes pieds et haussa les sourcils :

— 42 ? Vous rigolez, vous faites au moins du 44 ou du 45.

— Ah bon ! j'ai toujours acheté du 42.

Saint Pierre, qui venait juste d'entrer derrière moi, s'étonna :

— Vous portiez du 42 ?... Et vous n'aviez pas constamment mal dans le dos et des bourdonnements d'oreille ?

Vous n'imaginez pas comme j'étais en colère. Toute ma vie, ma courte vie, gâchée par des chaussures trop petites !

Je me révoltai :

— Ce n'est pas juste. Non seulement j'ai souffert le martyre, mais je suis mort à cause de cette maudite affaire de chaussures. Or, vous l'avez dit vous-même, j'aurais dû vivre jusqu'à cent trois ans et faire du sport !

Le magasinier se rangea de mon côté :

— C'est vrai, reconnut-il, ce n'est pas très juste.

Et il demanda à saint Pierre :

— On pourrait peut-être faire quelque chose pour lui, d'autant qu'il n'était pas prévu aujourd'hui, et que je n'ai plus une seule robe de taille 4.

Saint Pierre réfléchit.

— Il va falloir que je fasse une petite rectification dans l'ordinateur... remarqua-t-il d'un ton songeur. Bon... Hé bien écoutez, je vais essayer de vous renvoyer sur Terre, venez jusqu'à mon bureau.

Je l'accompagnai. C'était la première fois que je marchais sans chaussures et j'en étais émerveillé : je me sentais bien, bien…

Je prévins alors saint Pierre :

— D'accord pour repartir, mais sans problème de chaussures, hein ! Vous me le promettez ?

Saint Pierre chercha sur l'ordinateur.

— Hum hum, répondit-il. Justement, je vois une petite place, là…

Il pianota quelque chose sur le clavier, puis se tourna vers moi et me souffla dessus. Vvvvvv ! J'étais reparti.

2

Un gourdin sur l'épaule

C'est ainsi que débuta ma deuxième vie. J'étais habillé d'une peau de bête et je portais un gourdin sur l'épaule.

« C'était aux temps préhistoriques ? » demanderez-vous.

Sans doute, mais nous, à cette époque, on n'appelait pas ça comme ça. On n'appelait pas ça du tout, d'ailleurs. On se fichait pas mal de ce qu'il y avait eu avant et de ce qu'il y aurait après.

« Mais alors, vous étonnez-vous, vos vies ont eu lieu dans le désordre ? »

Je le reconnais, outre que mes vies sont très désordonnées, elles viennent dans le désordre, mais je n'y suis pour rien. D'abord j'ai été garçon de café, ensuite homme préhistorique, ne m'en demandez pas plus.

J'aurais tout de même bien voulu gagner quelque chose au change ; hélas ! j'étais toujours aussi maladroit. Quand on chassait le mammouth, j'arrivais parfois à lui planter une flèche ou deux dans la fourrure (à condition qu'il ne soit pas à plus de trois mètres de moi), mais je n'ai jamais réussi à tuer un seul lièvre, ni même à toucher un bison (ça bouge tout le temps, ces bêtes-là). En bref, il ne fallait pas trop compter sur moi pour nourrir la tribu. Sauf que je me débrouillais quand même pas mal à la cueillette des mûres, et que le sirop de mûres, c'est indispensable pour accompagner le rôti de mammouth.

Heureusement, mes compagnons étaient gentils. Comme ils me connaissaient depuis toujours, ils savaient à quoi s'en tenir et ne m'en demandaient pas trop. Bref, la vie aurait été possible, si je n'avais pas tant souffert des pieds.

Ce n'était pas un problème de chaussures (nous n'en avions pas), mais courir pieds nus à longueur de jour n'était pas de tout repos. En plus, une tribu préhistorique a besoin d'un vaste terrain de chasse et elle se déplace beaucoup pour suivre

le gibier. Nous étions perpétuellement sur nos malheureux pieds.

Je vous l'ai dit, pour ce qui concernait la chasse, je n'avais pas vraiment de don. Aussi, après cinq ou six accidents que je préfère passer sous silence, on m'avait confisqué mon arc et je servais de rabatteur. Ne croyez pas que rabatteur soit un métier facile : il faut courir tout le temps pour débusquer le gibier, et on n'imagine pas combien il y a de cailloux, d'épines, de morceaux de bois pointus dans les forêts.

On m'envoyait aussi à la pêche à pied sur les grèves (parce que, là au moins, j'arrivais à attraper les proies), et on n'imagine pas combien il y a de coquillages pointus et de moules coupantes sur les rochers.

J'avais les pieds en sang.

Enfin, un jour que je partais pour une partie de pêche, je découvris sur le sable une baleine morte. Une baleine ! C'était formidable ! Cela faisait pour la tribu une réserve de nourriture fantastique !

De mon silex, j'entamai aussitôt la peau. En dessous, il y avait une couche incroyable de graisse, que je retirai pour atteindre la chair.

J'étalai les grandes plaques de graisse par terre et montai dessus. Bon sang, comme c'était confortable sous les pieds !

Bien installé, je me découpai une part de viande. Quel délice ! Pour une fois, j'étais fier : j'allais assurer la survie de ma tribu pendant des semaines, grâce à ma trouvaille ! C'est à ce moment que je vis approcher un chien, de ces chiens sauvages qui suivaient de loin nos déplacements. Je lui donnai un morceau de baleine… ce qui m'en fit aussitôt un copain. Il ne me quitta plus.

Ma tribu décida de s'établir pendant un temps tout près de la baleine pour en profiter jusqu'à la dernière bribe, et on emménagea dans une grotte. J'eus enfin un peu de repos et du temps pour penser. Il me vint alors une idée formidable, celle de m'emballer les pieds dans la graisse de baleine. Ainsi équipé, je ne sentais plus le moindre caillou. Bien sûr, ça glissait un peu, mais il suffisait d'être prudent.

L'automne passa. Le chien me suivait partout, si bien que j'eus l'idée de lui apprendre à rabattre le gibier avec moi. Je lui expliquai le principe, qui était de courir en avant en faisant du bruit, de manière à ce que l'animal, effrayé, fuie droit vers les chasseurs postés plus loin.

Le chien était vraiment adroit dans cet exercice et, comme il recevait un bout de viande à chaque fois, il devint très motivé. Je le laissai donc de plus en plus souvent se débrouiller seul, et je m'installai tranquillement dans la grotte.

Vers le fond, il faisait noir comme dans un four. J'enflammai de la graisse de baleine pour m'éclairer et j'observai notre nouveau repaire. Les parois de la grotte, uniformes, me parurent tristounettes : pourquoi ne pas les orner de quelques dessins pour les égayer ?

Je commençai par la trace de mes mains : c'était facile. Ensuite, je tentai de dessiner des formes, des animaux (des mammouths, des bisons, des biches) ; enfin j'ajoutai un peu de couleur. Tout le monde fut très content de mon travail. On avait enfin trouvé pour quoi j'étais doué ! On me déclara artiste de la tribu, et je n'eus plus besoin de chasser puisque mon contrat précisait que la tribu me nourrissait, me logeait, m'habillait, en échange de la décoration de la grotte.

Bref. Tout paraissait bien tourner pour moi et pour mes pieds.

Hélas ! les choses allaient se gâter…

Dehors, il neigeait depuis des jours et des jours. Le gibier s'était terré, les troupeaux de rennes avaient filé je ne sais où. On avait fini la baleine depuis longtemps, et on commençait à avoir franchement faim. On se demandait même s'il ne faudrait pas faire un sacrifice au dieu de la chasse pour qu'il oblige les lièvres à sortir de leurs terriers.

En attendant, on s'embêtait ferme dans la grotte (sauf moi, qui avais toujours du travail), et quand on s'embête, on finit par faire des bêtises.

J'étais monté tout en haut du tronc d'arbre qui me servait d'échelle, pour décorer le plafond, quand cet imbécile de Berk arrive et me dit :

— Accroche-toi à ton pinceau, j'emprunte l'échelle !

Il agrippe le tronc, je pousse un cri, je patine sur mes semelles en graisse de baleine et je me casse la figure trois mètres plus bas.

On m'entoure, on voit que je suis assommé. C'est alors que cet idiot de Berk propose :

— Puisqu'il ne sent plus rien, on pourrait en profiter pour le sacrifier au dieu de la chasse.

— Faisons vite ! dit le chef. Si on attend qu'il se réveille, il ne sera peut-être pas d'accord.

Je vous le dis tout net : je n'aurais pas été d'accord.

Au moment où j'ai retrouvé mes esprits, j'ai vu un énorme couteau de silex au-dessus de moi…

et presque en même temps, un aigle royal qui fondait sur nous. Avant que le couteau ne m'atteigne, l'aigle m'avait enlevé dans ses serres.

Nous volâmes un moment au-dessus de la terre toute blanche. Vu de là-haut, c'était très beau, et je me demandais si je n'aurais pas dû peindre aussi des paysages, quand l'aigle me laissa tomber dans son nid, au milieu de ses œufs. Je compris alors que j'allais lui servir de réserve de viande pour nourrir ses petits… Et parler de moi en termes de « réserve » et de « viande » me fit froid dans le dos.

Je regardai désespérément autour du nid : impossible de m'enfuir, nous étions au sommet d'un piton vertigineux ! J'essayai de me consoler en songeant que, au moins, j'aurais été utile à quelque chose dans ma vie en sauvant de la famine une famille d'aigles, mais je crois que je me mis quand même à pleurnicher.

J'avais un peu honte de mon manque de courage, aussi, pour tenter de me calmer, je pris une grande inspiration… Et voilà que toutes les petites plumes qui tapissaient le nid m'entrent dans la bouche. J'étouffe… j'étouffe… j'étouffe !

On n'imagine pas mourir plus bêtement.

J'arrivai aussi sec à la porte de saint Pierre. Il ne s'étonna pas trop de me voir : les hommes préhistoriques meurent jeunes.

Et alors ?… Ce n'est pas une raison ! Je protestai :

— Vous m'aviez dit que je n'aurais plus de problèmes de pieds, or c'est bien à cause de mes pieds et de mes semelles en graisse de baleine que je suis mort.

Saint Pierre ne fit pas trop d'histoires : il reconnut qu'il n'avait pas tout mesuré en m'envoyant là-bas.

— Que voudrais-tu, alors ? demanda-t-il.

— Un endroit sans chaussures, c'est bien, mais avec sol souple et non pas plein de cailloux !

— Hum hum…, fit saint Pierre, je vois. La Chine ne serait pas mal. On y cultive le riz et, dans les rizières, il n'y a que de la boue, c'est doux aux pieds. Tu t'y plairas.

Bon.

Je me demande où saint Pierre a bien pu obtenir son diplôme ; il est clair que certaines choses lui échappent. Une agence de voyages qui ferait un boulot pareil n'aurait plus aucun client. Enfin, vous allez voir…

3

Où est la boue des rizières ?

Au début, tout allait bien. Les visages qui se penchaient sur mon berceau étaient très différents de ceux que j'avais connus avant, mais ils étaient souriants, avec les yeux bridés et la peau cuivrée.

Ces aimables personnes disaient :

— Mon Dieu ! comme elle est mignonne !

Et c'est ainsi que je sus que, dans cette vie-là, j'étais une fille. C'était ma première expérience en fille, ce ne serait peut-être pas plus mal. Aux temps préhistoriques dont je venais, les filles avaient plutôt la belle vie : on ne leur demandait pas de courir après les bisons ni de défendre la tribu contre les tigres à dents de sabre.

Seul problème : saint Pierre n'était pas bien renseigné sur la Chine. Il croyait que tous les Chinois travaillaient à la culture du riz.

Pour vous dire le fond de ma pensée, dans mes différentes vies j'ai bien eu l'impression que saint Pierre ne se tenait pas vraiment au courant de ce qui se passait sur la Terre. Il ignorait qu'il y avait des riches et des pauvres, des gens qui devaient travailler dur pour gagner leur vie, et d'autres qui avaient beaucoup d'argent en ne faisant pourtant rien de la journée. Moi, non seulement j'étais une fille, mais en plus, j'étais tombée dans une famille de mandarins [1], des gens très riches, qui ne mettaient bien sûr jamais les pieds dans les rizières.

Au tout début, je n'eus pas à m'en plaindre, car on me portait toujours pour les déplacements, et à la maison, le sol était couvert de fourrures. J'ignore si j'étais douée pour quelque chose : je n'avais jamais rien à faire, puisque les serviteurs s'occupaient des commissions, les servantes du ménage, les cuisiniers de la cuisine, les jardiniers du jardin, etc. Une vie tranquille, comparée à la précédente.

C'est un peu plus tard que cela s'est gâté.

Lorsque j'eus cinq ans, on m'annonça que j'étais assez grande maintenant pour qu'on me

1. Personnages importants en Chine, autrefois.

bande les pieds (une chose encore que saint Pierre ignorait !). J'étais contente, supposant que ce serait confortable… jusqu'à ce que je comprenne ce que cela signifiait vraiment. On me retourna tous les orteils sous la plante des pieds, on recroquevilla mes pieds sur eux-mêmes, et on les banda serré pour qu'ils ne puissent plus bouger. C'était horrible.

Comme je pleurais beaucoup, ma mère me répétait :

— Il faut souffrir pour être belle.

Précisons qu'en Chine on pensait qu'il était plus élégant pour les femmes d'avoir de très petits pieds et qu'il fallait donc les empêcher de grandir. Moi, je ne voulais pas être belle dans ces conditions atroces. Impossible de poser les pieds par terre sans hurler de douleur !

Pour me consoler, on m'offrit des criquets dans une cage et un joli peigne en ivoire. Sacrée consolation !

Quand on vous bande les pieds, durant des semaines vous ne pouvez pas marcher du tout, et ensuite ça va légèrement mieux. Vous vous sentez bien sûr les pieds raides et paralysés, mais vous vous habituez à avancer un peu, à petits pas. Évidemment, inutile de songer à courir dans le jardin.

J'essayai donc d'occuper mes journées à des activités tranquilles : mon père me confiait le soin d'enfiler sur des cordelettes ses sapèques (qui étaient la monnaie, là-bas, des pièces avec un trou carré au milieu). Le reste du temps, je demeurais assise au bord de la rivière à sucer de la canne à sucre et à regarder passer les jonques qui ramenaient du Bengale les cornes de rhinocéros.

Je m'ennuyais tellement que je tombai malade. Inquiets, mes parents appelèrent le docteur Chang. Celui-ci m'ausculta longuement, puis il prit un marteau pointu et me donna, à l'arrière du crâne, deux petits coups qui me firent très mal.

Ensuite, il dit à mon père :

— Voilà. Ça vous coûtera trente sapèques.

— Trente sapèques pour deux petits coups de marteau ? s'étonna mon père.

— C'est bien cela.

— Dans ce cas, demanda mon père, pourriez-vous me faire une facture ?

— Bien sûr.

Le docteur Chang prit une feuille de papier et écrivit :

– *Deux petits coups de marteau* ..... *1 sapèque*
– *Savoir où les donner* .... *29 sapèques*
– *Total* .... *30 sapèques*

Il ajouta que si je ne me sentais pas mieux, il repasserait le lendemain.

De peur de recevoir encore des coups, j'affirmai que j'étais guérie, ce qui fait que mon père ne regretta pas trop ses trente sapèques.

Après cette expérience douloureuse, je décidai fermement de ne plus jamais être malade, et de trouver une occupation. J'eus alors une idée : je me mis à composer des poèmes, assez jolis je crois. On jugea même que j'étais très douée.

Pour que je puisse lire mes poèmes en public, mon père donna un grand banquet. C'est une époque où je commençais à marcher correctement sur mes pieds bandés, et je pus aller jusqu'aux cuisines. J'y découvris avec stupeur que la viande que les cuisiniers préparaient, c'était du chien. Je ne sais pas pourquoi, cela me dégoûta et me révolta. De colère, je refusai de lire mes poèmes en public.

À partir de ce jour, il me fut impossible d'avaler une seule bouchée de viande. Je devins végétarienne.

Mon père, croyant à une petite crise d'adolescence, eut l'idée de m'envoyer faire un voyage. Ce n'était franchement pas une bonne idée : en ce temps-là, les voyages étaient dangereux !

Alors que nous traversions en bateau les marécages qu'on appelle « le désert des Cent Li », nous fûmes attaqués par une troupe de brigands qui volèrent tous mes bijoux et m'abandonnèrent en pleine campagne.

Je reprenais à peine mes esprits lorsque je vis surgir entre les roseaux une tête terrifiante : un tigre énorme. Je me relevai en vitesse, et j'essayai de courir. Hélas ! je ne savais pas courir, je n'avais jamais pu courir de ma vie à cause de mes pieds bandés !

En deux bonds, le tigre me rattrapa et me jeta à terre. J'eus très peur du bruit que feraient mes os en craquant sous sa dent, et je me mis à trembler de partout. Alors là… (Est-ce que le tigre avait déjà mangé ? Est-ce qu'il n'aimait pas l'odeur de la peur ? Est-ce qu'il était végétarien lui aussi ?), il me renifla avec dégoût, puis sauta sur un amas de rochers et s'éloigna à flanc de montagne.

Vous n'imaginez pas comme je fus soulagée (si, si, je ne vous le cache pas). Donc, je me relève et… Aïe ! Mon pied (qui était, je vous le rappelle, très petit) s'enfonce dans un terrier. Impossible de bouger ! C'est à ce moment qu'un gros rocher ébranlé par le saut du tigre déboule sur moi.

On n'imagine pas mourir plus bêtement.

En arrivant au ciel, j'étais un peu fâchée. Tout était de la faute de saint Pierre qui m'avait fait fille dans un pays où on martyrise les pieds des filles ! D'une part ça m'avait gâché la vie, d'autre part ça me l'avait carrément coûté, cette vie : si mon pied avait été plus grand, jamais il n'aurait pu se prendre dans un terrier.

Saint Pierre reconnut de bonne grâce son erreur.

— J'ai peut-être gaffé, avoua-t-il.

Je grognai :

— En tout cas, je ne veux plus être une fille ! Déjà, au temps où j'étais garçon de café, les femmes portaient des chaussures ridicules, trop étroites pour leurs pieds et en plus à talons hauts, horriblement mal pratiques pour marcher.

— C'est vrai, c'est vrai, dit saint Pierre. On fait souvent souffrir les femmes pour des raisons de prétendue beauté.

Il fouina sur son ordinateur et proposa :

— Est-ce qu'une paire de bottes fourrées te plairait ?

Je répondis (sans trop réfléchir) que oui, il me souffla dessus et me renvoya sur Terre.

Là, j'aurais dû demander quelques explications…

4

Cent mètres

Je crois que saint Pierre commençait vraiment à vieillir et qu'il avait le cerveau un peu fatigué : il n'arrivait plus à se souvenir de tout. Cette fois, il m'avait bien fait garçon, il m'avait bien fourni des bottes confortables, mais il avait oublié de me prévenir qu'il s'agissait de bottes de sept lieues, et que j'étais dans cette existence-là un ogre. Or, depuis ma vie précédente, vous vous en souvenez, j'étais végétarien.

Un ogre végétarien ! Comprenez l'embarras de mes parents.

J'ai d'abord été, comme tout le monde, élevé au lait, ce qui ne posait aucun problème. C'est lorsqu'on voulut me mettre à un régime plus solide que les choses se compliquèrent. Quand pour la première fois on glissa dans mon assiette de tendres petits enfants, je ne voulus pas y toucher. On pensa que c'était à cause de la couleur de leurs cheveux, parce qu'on avait choisi des blonds, qui paraissaient pourtant appétissants. Le lendemain, on essaya des châtains, puis des bruns, des roux : rien à faire, je ne voulais même pas y goûter.

Mes parents eurent alors l'idée de les dissimuler dans un buisson d'églantines. Bien sûr, je les détectai tout de suite : les enfants, ça ne sait pas se tenir tranquille, et ils faisaient bouger les branches en essayant de les escalader pour sortir de là. Je pris donc le buisson pour aller le secouer sur le bord de la fenêtre, et je les vis avec plaisir se sauver en cavalant.

— Alors, mon chéri, me dit maman, comment as-tu trouvé ta viande, aujourd'hui ?

Je répondis :

— En fouillant sous les branches.

Je me fis gronder pour avoir relâché de la si bonne viande, des enfants que mon père avait soigneusement choisis bien dodus et tout frais capturés du matin. Pour la consoler, je lui fis remarquer que c'étaient des enfants trop gras, bourrés de confiseries, et que ce n'était sûrement pas bon pour ma santé.

Ma mère en acheta de plus maigres, ceux qui font la fine bouche chez eux et ne mangent presque rien. Ceux-là, je les retrouvai dans mon bol de chocolat. Berk ! Quand je les vis nager, fendant le liquide de toute la force de leurs bras pour rejoindre le bord, ça me dégoûta. Je les attrapai discrètement entre deux doigts, et les laissai tomber dans un trou du plancher qui donnait sur la cave.

Lorsque ma mère découvrit mon manège, elle fut révoltée par mon attitude, et décida d'aller consulter un médecin nutritionniste pour savoir comment s'y prendre avec moi. Je ne sais pas ce que lui dit le médecin, mais quand elle revint de chez lui, elle était dans de meilleures dispositions.

Elle me demanda :

— Qu'est-ce qui te ferait plaisir, mon chéri ?

Je répondis :

— Un chien. Je veux un chien.

Elle fut toute contente et heureuse et courut m'en acheter un, ce qu'elle trouva de plus grand : un dogue allemand.

Mais quand elle comprit que je n'avais aucune intention de le manger, que c'était juste un copain pour jouer, elle en fut démoralisée.

J'étais ennuyé, car il est toujours triste de décevoir ses parents.

J'adoptai donc une technique qui ne contrarierait personne : je faisais semblant de mettre les enfants dans ma bouche et les glissais par mon col de chemise. Après le repas, je sortais prendre l'air pour digérer, et je relâchais tout le monde dans la campagne.

Bon, j'étais ogre, j'étais ogre, on s'arrange comme on peut de ce qu'on est, seulement ce n'était pas mon seul problème. Là – j'en suis désolé pour saint Pierre – il y avait encore quelque chose qui clochait : il avait pensé aux bottes, c'est tout. Or…

Des bottes de sept lieues, c'est très marrant : on franchit la montagne en une enjambée, on va se baigner au bord de la mer.

Quand j'étais gosse, je les avais tout le temps aux pieds et je dois dire que mon chien et moi on s'amusait comme des fous. On ne rechignait jamais pour aller faire les commissions au loin : je le mettais dans une de mes bottes, et en route ! Ensemble, nous partions chercher des glaçons pour l'apéritif au pôle Nord, du sable pour nos châteaux au Sahara, nous allions capturer des baleines pour mon aquarium dans l'Atlantique, des éléphants pour le vivarium en Asie, etc.

Toutefois, il y avait un inconvénient : avec des bottes de sept lieues, on avance de sept lieues

en un pas, c'est-à-dire vingt-huit kilomètres. Ce qui est pratique quand on va loin l'est moins pour descendre cueillir des salades au jardin.

Comme aucune autre chaussure n'était prévue, chaque fois que je voulais faire dix mètres, ou même un kilomètre, j'étais obligé de me déplacer pieds nus.

Inutile de dire que j'étais plutôt furibard contre saint Pierre.

Une chose encore, que saint Pierre ne m'avait pas signalée, c'est que les ogres sont très grands. Je mesurais cent mètres de haut à quatorze ans. On n'imagine pas les difficultés. En plus, allez savoir pourquoi, j'étais extrêmement maladroit. S'il y avait un trou entre deux montagnes, c'était pour moi, je m'y cassais la figure.

Une forêt de houx ? Je mettais le pied dessus.

Un fer de hache coincé dans un tronc d'arbre ? Je me l'enfonçais dans la gencive en mâchant.

Je décidai donc, pour ne pas trop avoir à bouger, de devenir sculpteur. Et là, je ne m'explique pas pourquoi, il semblait que j'étais plutôt doué. Mes parents, tout fiers que j'arrive enfin à quelque chose, organisèrent une grande exposition pour montrer les statues que j'avais réalisées.

Or à l'apéritif, ils avaient prévu comme amuse-gueule le Petit Poucet et ses frères, des enfants un peu maigres et sans doute mal nourris (mais ma mère était dans une période de régime amincissant).

Dégoûté, je refusai de venir. Ma mère crut que c'était juste un caprice d'artiste, et pour ne pas gâcher la soirée, elle mit les enfants de côté dans le garde-manger. Ce qu'elle ignorait, c'est que j'avais découpé un trou dans le grillage de ce maudit garde-manger pour sauver les pauvres bêtes qui y seraient enfermées. Pendant que j'expliquais mes œuvres, le Petit Poucet et ses frères s'enfuirent.

Hélas ! ces gosses n'avaient aucun savoir-vivre : pour s'enfuir, ils me piquèrent mes bottes de sept lieues !

Cela me mit très en colère : faites du bien à un âne, il vous donnera des crottes !

Remarquez, je les comprenais un peu : s'ils s'étaient sauvés sans mes bottes, on les aurait rattrapés en deux pas. Je leur pardonnai donc… tout en restant bien décidé à récupérer mes bottes.

Le seul chemin pour quitter mon royaume étant de suivre la rivière, me voilà parti à leur recherche le long des berges.

Malheureusement, la vallée n'était pas très large, et je devais marcher au milieu, dans la rivière. L'eau m'arrivait presque jusqu'aux chevilles et elle était froide…

C'est sans doute pour cela que je m'enrhumai. En tout cas, j'éternuai un bon coup… et me cognai violemment le front contre la montagne.

On n'imagine pas mourir plus bêtement.

En arrivant chez saint Pierre, je remâchais cette histoire de bottes. Pour l'instant, je n'avais été content d'aucune de mes vies, et je commençais à en avoir plus que marre. Vu ma taille et ma mauvaise humeur, saint Pierre jugea prudent de me donner raison.

— Je vais t'envoyer dans un pays où les chaussures sont…

Je l'interrompis aussitôt :

— … sont légères à porter, discrètes et confortables, et le climat assez chaud pour que je ne m'enrhume pas !

Saint Pierre était pressé, parce qu'il avait ce soir-là une réunion dont le sujet était inscrit sur l'ardoise à l'entrée de la grande salle : « Faut-il réparer les nuages qui fuient ? » Il se contenta donc d'une recherche rapide, et découvrit un pays qui lui parut convenable. Il prit soin de me montrer le modèle de chaussures. Je les essayai, ça me plut bien.

5

Les Romains sont les meilleurs

Le modèle était élégant, confortable, solide. Ce que saint Pierre avait oublié de me dire, c'est ce qu'on en faisait. Enfin, ça servait à marcher, évidemment, mais…

… Mais reprenons au début. D'abord (je me demande bien ce que saint Pierre était encore allé inventer), je n'étais pas tout à fait un enfant ordinaire : j'étais égyptien de naissance, ma mère m'avait abandonné parce qu'elle ne pouvait sans doute pas m'élever (je n'ai jamais eu d'éclaircissements là-dessus), elle m'avait mis dans un panier et déposé sur le fleuve. Là, j'avais été récupéré par des pêcheurs, qui m'avaient revendu à un soldat romain dont la femme ne pouvait pas avoir d'enfant. Comme vous voyez, c'est un peu compliqué.

En quittant l'Égypte, le soldat me ramena donc chez lui à Rome.

Mes parents étaient patients et attentionnés. Je leur donnais toute satisfaction et pourtant ils se faisaient du souci. Pourquoi ? Parce que j'étais égyptien et que, évidemment, je grandissais.

— Il va bientôt avoir deux ans, s'inquiétaient-ils, il va commencer à parler, et nous ne savons pas l'égyptien !

Ils allèrent donc s'inscrire à un cours d'égyptien, histoire de comprendre ce que je leur dirais quand je commencerais à parler.

Mais moi, j'étais malin, et sûrement plus doué qu'eux : bien que je sois le plus petit, c'est moi qui réussis à apprendre leur langue !

Mes parents furent drôlement soulagés de m'entendre dire mes premiers mots en latin, parce qu'ils pataugeaient dans les hiéroglyphes et avaient un mal de chien avec l'égyptien. (À propos de chien, il ne me semble pas que j'en aie eu dans cette vie-là.)

Je fus la fierté de mes parents et je grandis sans histoire, jusqu'au jour où...

... où mon origine égyptienne reprit le dessus. Je ne me mis pas à écrire en hiéroglyphes, rassurez-vous, mais je décidai que mon métier serait architecte, et que je construirais des pyramides.

Mes parents furent consternés : ils m'assurèrent que les pyramides n'étaient pas du tout à la mode à Rome, et que je ne trouverais pas d'emploi dans ce secteur. Il valait mieux que je choisisse un autre métier.

Mon père me conseilla de faire comme lui, de devenir soldat, parce que c'était le plus chouette métier et que je verrais du pays.

Moi, j'en tenais toujours pour les pyramides. Alors mon père me démontra combien j'avais de chance d'être Romain, car le peuple romain était le plus grand, le plus beau, le plus intelligent. Et il ajouta que, ses soldats étant la crème de la crème, ils étaient encore plus grands, encore plus beaux, encore plus intelligents, et surtout LES PLUS FORTS !

— Tous les autres peuples sont des barbares, disait-il. Tu ne voudrais quand même pas être un affreux barbare comme ces Gaulois qui vivent de l'autre côté de la montagne ?

— ... Euh... non, sans doute.

— Dans ce cas, il faut te montrer digne d'être romain, et aller combattre dans les armées de notre grand chef Jules César !

Voilà comment, pour avoir dit : « Euh... non, sans doute », je me trouvai enrôlé dans les armées de ce Jules César.

Ah ça ! Si j'avais su ce qui m'attendait !

Vous comprenez, comme les Romains étaient les meilleurs, il fallait que les autres pays s'en rendent bien compte, et se soumettent. Il fallait donc leur faire la guerre, et ils résistaient, ces imbéciles ! Ils n'avaient pas compris combien il serait agréable de devenir romains, plutôt que de rester d'affreux Gaulois ou d'horribles Germains.

Moyennant quoi, les avions n'existant pas, les chevaux étant réservés aux chefs, nous marchions, nous marchions, nous marchions, pour aller envahir les voisins qui, eux, ne voulaient pas se laisser envahir ; alors nous nous battions, nous nous battions, nous nous battions. C'était infernal.

Imaginez l'état de mes pieds. Les sandales, rien à dire, elles étaient bien : exactement comme celles que saint Pierre m'avait donné à essayer. Là, il n'y avait pas de tromperie. Le problème, c'était l'utilisation qu'on en faisait : on marchait du matin au soir par les chemins, sur des sentiers de montagne, dans des fourrés, sur les champs de bataille d'où personne n'avait songé à ôter les cailloux. On marchait avec sur le dos une cotte de mailles de dix kilos, un casque en bronze qui nous échauffait

les oreilles, un bouclier, un glaive, un javelot, un poignard. On marchait en portant un sac avec une gamelle, un seau, des outils, des piquets pour faire les palissades, la nourriture, les vêtements. Le chef criait :

— À droite ! À gauche ! Marche ! Plus vite ! Pas de gymnastique !

C'était tuant.

Finalement, je demandai à être affecté au service des chars.

Ouf ! sur les chars, au moins, on ne marchait pas et mes pieds commencèrent à se rétablir. C'est ainsi que je rentrai à Rome, conduisant majestueusement le char de Jules César en personne.

Mon père était fier de moi.

Il faut reconnaître que je me débrouillais pas mal avec les chevaux (je vous l'ai dit, c'est une vie dans laquelle je n'avais pas de chien, il fallait quand même bien que j'aie quelque chose !) et j'étais donc un bon conducteur de char.

Voyant cela, mon père me conseilla de participer aux courses. Moi, du moment qu'il n'y avait pas à marcher, j'étais d'accord. J'avais un attelage de chevaux, un char avec deux belles roues, j'étais le roi.

Mais la vie réserve des surprises…

J'étais en course dans le grand stade avec ce crétin de Berk (un mauvais joueur, celui-là !). J'allais gagner, et c'est alors qu'il me crie :

— Eh ! Tu as une roue qui grince.

Comme je n'entendais rien, je demandai :

— Quoi ?

Il cria de nouveau :

— Tu as une roue qui grince !

Je me retournai et hurlai :

— Qu'est-ce que tu dis ? Parle plus fort, je n'entends rien, j'ai une roue qui grince.

Et c'est comme ça que je sortis de la piste, exécutai un vol plané dans la poussière, et atterris aux pieds de Jules César. Je suis au regret de le dire : je lui cassai la jambe.

En ce temps-là, ça ne rigolait pas. Jules César me fit jeter aux lions.

Je n'étais pas tout seul dans mon malheur : nous étions trois.

Le premier, c'était un Gaulois très brave. Quand on lâcha le fauve, il ne trembla pas. Le lion s'approcha de lui, le flaira… et fit demi-tour.

Dans l'arène, ça ne plaisante pas, mais il y a une règle : si le fauve ne vous mange pas, vous êtes libéré. On laissa donc le Gaulois repartir chez lui.

On envoya le deuxième condamné, un Germain très costaud. Le lion le regarda fixement, s'approcha de lui, ouvrit grand sa gueule... puis s'allongea sans rien faire. Tout le monde était ébahi, on libéra le Germain.

C'était à mon tour. Moi, je n'étais ni brave ni costaud, cependant j'avais remarqué quelque chose, et je m'avançai sans trop me faire de soucis. C'est alors que Jules César demanda :

— Quelqu'un a-t-il une idée de ce qui se passe ? Pourquoi ce lion ne veut-il pas manger les condamnés ?

Et moi, malin, je lève le doigt et je réponds :

— Je le sais, grand César, c'est parce qu'il est trop vieux et qu'il n'a plus de dents.

— Il a raison, admit Jules César, faites amener un lion bien frais, bien affamé, avec toutes ses dents.

... On n'imagine pas mourir plus bêtement.

Je n'étais pas très fier en arrivant chez saint Pierre : il y a des jours où on ferait mieux de se taire. Est-ce qu'on m'autoriserait à rattraper une fin aussi idiote ?

Heureusement, saint Pierre était très occupé avec un problème d'arc-en-ciel qui se décolorait, aussi, quand je lui demandai une autre vie, il ne prit pas le temps d'en discuter avec moi et crut que j'étais mort à cause de mes chaussures, ce qui n'était pas tout à fait vrai. Encore que…

Pour aller plus vite, il tapa sur son clavier : *Trouver chaussure à son pied*, histoire de voir les propositions que lui ferait l'ordinateur. Et là, l'écran répondit :

« L'envoyer au Japon, il y a ce qu'il faut. »

Sans prendre le temps de réfléchir à ce que l'ordinateur avait bien pu comprendre à la question et pourquoi il avait répondu ça, saint Pierre me souffla dessus. Pfff…

6

L'arc et le sabre

Ma sixième vie fut ma plus belle, je n'ai pas peur de le dire. Mais c'est surtout grâce à Masako.

Je mis longtemps à comprendre pourquoi l'ordinateur m'avait envoyé au Japon, où les chaussures n'avaient ni plus ni moins d'avantages qu'ailleurs. On portait dans ce pays des chaussures étranges, des socques de bois laqué, qui ne tenaient pas bien au pied mais qui le laissaient assez libre.

Le seul avantage ici, je vous l'ai dit, c'était Masako.

Masako était une femme merveilleuse, jolie, gentille, aimante, bref, j'avais trouvé chaussure à mon pied ! C'est en me disant ces mots que je compris comment l'ordinateur avait interprété la demande de saint Pierre : il croyait que je voulais trouver la femme idéale.

Je ne me plaignis pas : les chaussures n'étaient pas terribles, mais Masako… !!!

Je ne me rappelais pas depuis combien de temps je la connaissais ; depuis toujours je crois, puisqu'elle était la fille de ma nourrice. Masako rattrapait tout le reste, parce qu'il faut bien avouer que cette vie n'était pas très facile pour moi.

Quand on est une femme japonaise, il faut être belle et douce, musicienne et poète, et cela ne posait aucun problème à Masako. Quand on est un homme japonais (puisque dans cette vie-là j'étais un homme), il faut être fort, vaillant et adroit… et je n'étais rien de tout cela.

Masako s'en fichait et elle m'aimait quand même, je me demande pourquoi. Comme j'étais très amoureux d'elle, j'essayai de lui faire honneur, et je décidai donc de devenir un grand samouraï (c'était le nom qu'on donnait là-bas aux vaillants guerriers).

Pour devenir samouraï, il fallait faire preuve d'intelligence, de force et d'adresse. Pour l'intelligence, ça pouvait aller. Pour la force, c'était plutôt moyen. Mais pour l'adresse, vous me connaissez…

Je m'entraînais donc à l'arc et à l'épée toute la journée.

Au bout de quelques mois (ou peut-être quelques années), j'arrivais à dégainer mon sabre, et à placer ma flèche bien droite sur la corde de l'arc, cependant je voyais avec inquiétude qu'il me faudrait encore plusieurs autres années pour être capable de couper une fleur avec ce sabre, et de planter cette flèche plus loin que le bout de mes pieds. Masako me rassurait (elle m'aimait comme j'étais), mais moi, je voulais y arriver. Je décidai de prendre des cours et j'allai voir un grand maître.

Je le trouvai dans son jardin, où il taillait ses bonsaïs. Tandis que je lui exposais mon problème, il saisit son arc et me dit :

— Vois-tu ce puceron, à vingt mètres, sur cette feuille d'érable nain ?

Je ne le devinais qu'à peine à cette distance, pourtant je répondis que oui et j'ajoutai :

— Vous ne pouvez tout de même pas le tuer d'un trait de flèche ?

— Non, me dit-il, rassure-toi, je ne vais pas le tuer. Je vais juste lui casser une patte, pour qu'il tombe et ne puisse pas remonter de sitôt sur mon érable.

Je commençai alors à me ronger les ongles. Il m'expliqua que le but à atteindre, si je voulais devenir samouraï, était de décocher des flèches dans un poteau – monté sur un cheval lancé au grand galop – ou de couper la tête d'un ennemi avant même qu'il ait vu le sabre. Après quoi il me donna rendez-vous le lendemain, à l'heure du dragon, ce qui fait à peu près huit heures du matin.

En me répétant que « *chaque seconde change la personne* », et que « *on n'est pas aujourd'hui ce qu'on était hier* », j'espérai en de rapides progrès. Aussi je me rendis bravement à l'entraînement.

Quand je rentrai chez moi à l'heure du mouton (quatorze heures), j'étais moulu, rompu, fourbu. Je m'étais blessé au pied avec une flèche (à cause de ces maudites socques découvertes), et j'avais déchiré le tatami[1] du maître en soulevant mon sabre.

Le lendemain, quand je me présentai au cours à l'heure du serpent (dix heures), le maître me fit dire que je souffrais sans doute de quelque maladie, et qu'il vaudrait mieux que j'aille d'abord

1. Au Japon, épais tapis qui recouvre le sol des maisons et sur lequel on s'assoit et on dort.

voir la vieille miko (un genre de sorcière) pour qu'elle m'ôte le mauvais sort qui me rendait si maladroit.

Toute la nuit suivante, allongé sur mon tatami, la tête sur mon oreiller de bois, j'hésitai.

Au matin, j'avais résolu de devenir plutôt musicien. Je jouerais du biwa… non, de la flûte – qui était un instrument réservé aux hommes –, et ce serait tout de même honorable.

Masako fut très heureuse de mon choix, surtout que, pour la flûte, je me montrai très doué. C'est là que nous décidâmes de nous marier. Comme le voulait la coutume, nous nous engageâmes l'un envers l'autre en buvant en trois fois trois coupes de saké (qui est l'alcool du pays).

Ce mémorable soir, saint Pierre était sans doute venu à bout de son problème de couleurs, et nous avions un arc-en-ciel magnifique, ce qui nous parut, à Masako et à moi, un bon présage pour notre vie future.

Hélas, les présages n'étant plus ce qu'ils étaient, le lendemain (jour où je devais enfin épouser Masako), alors que je m'entraînais à la flûte au bord de la mer, je vis passer un moine accompagné d'un grand chien et qui portait un panier à bretelles sur son dos.

Il me dit :

— Voulez-vous venir voir le spectacle ?

— Quel genre de spectacle ? demandai-je.

— Un combat de chiens.

— Ah non ! protestai-je, je ne veux pas voir ça, j'aime trop les chiens.

— Alors, dit le moine, peut-être que vous m'en achèterez un ?

Et il sortit de son panier un chiot adorable.

C'est à ce moment-là que le sol se mit à trembler. La mer se gonfla, s'ébroua, jeta sur le rivage des vagues énormes qui s'abattirent sur nous. Je rattrapai tant bien que mal le chiot enlevé par une lame, le serrai contre ma poitrine et me mis à courir vers la maison. Malheureusement, le tremblement de terre ne s'arrêtait pas. Un grand trou s'ouvrit sous mes pieds et je tombai au fond. Par chance, j'avais réussi à ne pas lâcher le chien.

Le tenant toujours contre moi, je réussis à remonter péniblement et à me hisser au bord de la faille. C'est alors qu'une panthère affolée vint se jeter sur nous. Pris de peur, je lui envoyai un violent coup de pied…

Vous connaissez mon adresse : je ratai mon coup de pied, ma socque de bois s'envola et me retomba sur le front.

On n'imagine pas mourir plus bêtement.

Je regagnai le ciel dans une fureur noire. Je traitai, je le crains, saint Pierre de « vieil imbécile », je lui criai que je voulais retrouver Masako, et tout de suite !

Je dois reconnaître que saint Pierre fit avec moi preuve d'une grande patience. Mais enfin, c'était entièrement de sa faute : j'étais bel et bien mort d'un problème de chaussures et, en plus, à l'instant précis où j'allais épouser la femme de ma vie. C'était une injustice criante, et même injuste !

J'exigeai une nouvelle vie, au même endroit, et avec la même femme.

Saint Pierre m'expliqua alors qu'il était désolé, mais que pour Masako, ce n'était plus possible. Il ne pouvait me renvoyer que sous forme de bébé et, vu le décalage temporel entre le ciel et la Terre, quand j'arriverais là-bas, Masako aurait l'âge d'être mon arrière-grand-mère.

Je ne vous dis pas dans quel état de désespoir je me trouvais. Je crois que c'est pour ça que saint Pierre me donna une nouvelle chance : pour que je ne reste pas là à pleurer dans ses manches.

Entre deux sanglots, je demandai un pays chaud, et où on ne marche pas.

7

Sous le pas d'un méhari

Dans ma nouvelle vie, pour la chaleur, on était gâté. Impossible de quitter l'ombre des arbres entre le lever et le coucher du soleil !

Je vivais dans une oasis en plein désert, et saint Pierre avait tenu ses promesses : je n'avais pas besoin de marcher beaucoup, rien à voir avec mes vies précédentes. Petit, je passais ma journée allongé à l'ombre sur une natte, à grignoter des noix de kola, ou assis au bord du cours d'eau, à regarder les enfants plus grands grimper dans les palmiers pour cueillir des dattes.

Lorsque j'eus deux ans et que je commençai à trotter de-ci de-là, mes parents m'enfilèrent des petites chaussures de cuir. Je regrette, mais ce n'était pas dans le contrat avec saint Pierre, et je les enlevai aussitôt.

Ils insistèrent, les attachèrent mieux… il n'y avait rien à faire : je ne les supportais pas. Mes parents étaient très ennuyés. Ils m'expliquèrent que, dans l'oasis, on pouvait toujours rencontrer des vipères et des scorpions, et qu'il fallait se protéger les pieds.

Moi, j'avais vu toutes sortes de chaussures dans mes vies, et je préférais encore rencontrer une vipère ou un scorpion. D'ailleurs, je ne pensais pas mourir d'une piqûre : jusqu'ici, j'avais toujours eu des morts beaucoup plus bêtes que ça, et à mon avis, les choses ne risquaient pas de s'améliorer.

Finalement, mes parents laissèrent tomber, et j'eus le droit de courir pieds nus dans l'oasis. C'était la vie rêvée. Il n'y avait pas un seul caillou (on les enlevait soigneusement pour qu'ils n'empêchent pas les plantes de pousser), il n'y avait que du sable et de la terre fine et douce.

Mon père n'était pas là très souvent, à cause de son métier. Il était messager du désert (une sorte de facteur), c'est-à-dire qu'il était chargé de porter le courrier d'un bout à l'autre du Sahara. Vous comprenez alors que, lorsque j'eus cinq ans et que mes parents songèrent à m'apprendre un métier, ils voulurent me préparer à prendre sa suite.

Pour ce cinquième anniversaire, ils m'offrirent donc un magnifique méhari, qui est un genre de chameau très rapide. Tout content qu'on m'ait trouvé une monture qui me permette de me déplacer sans chaussures, je l'essayai aussitôt. Je posai mon pied droit sur son cou et m'élançai en selle. J'étais plutôt content de moi en découvrant que j'y étais arrivé facilement (mais avec les animaux, je m'étais toujours bien débrouillé).

C'est là que je mis le doigt sur le premier inconvénient de cette vie, dont saint Pierre ne m'avait pas prévenu : à dos de chameau, on a le mal de mer, pire que sur un bateau.

Je revins de ma première expédition à l'oasis voisine malade comme un chien (alors qu'à cette époque-là je n'avais même pas encore de chien), et je refusai donc tout net de faire le métier de mon père et de porter le courrier à dos de chameau. Quant à porter le courrier à pied, il n'en était pas question.

Je réfléchis alors à un autre métier et constatai malheureusement que je n'étais doué pour rien : ni pour grimper aux palmiers, ni pour tracer un sillon droit, et chaque fois qu'on m'envoyait tirer de l'eau au puits, la corde se cassait, allez savoir pourquoi. La seule chose pour laquelle

j'avais des facilités, c'était rêver. Seulement voilà : rêver rapporte rarement de l'argent.

Des métiers, il n'y en avait guère que deux qui ne demandaient pas spécialement d'adresse. On pouvait être soit berger (mais il faudrait mettre des chaussures pour parcourir les vastes étendues), soit messager du désert. Mes parents me mirent alors en face du choix :

— Ou c'est les chaussures, ou c'est le courrier.

Je restai plusieurs nuits sans dormir, à contempler le ciel, tentant de choisir entre ces deux maux : garder les animaux, avec des chaussures et sans mal de mer, ou parcourir le désert avec le mal de mer, mais sans chaussures.

C'est alors que me vint une idée géniale. Comme je passais les trois quarts de mon temps allongé, la tête sur mon oreiller de cuir rempli de sable à regarder le ciel, je le connaissais bien. Pourquoi ne pas devenir astronome ? Dans le désert, on a toujours besoin de se repérer au soleil et à la position des étoiles pour se guider. Je donnerais des cours aux conducteurs de caravanes !

Je n'eus hélas pas le temps de mettre ce projet à exécution… Nous fûmes attaqués en pleine nuit par la tribu voisine, qui n'eut pas d'idée plus originale que de m'enlever pour demander une rançon.

Je fus attaché, saucissonné, et jeté sur mon méhari par ce maudit Berk, qui m'emmena jusque dans la forêt de mimosas où il m'attacha à un tronc. Mon méhari était plutôt content : il adorait le mimosa. Moi, l'estomac retourné par le voyage, je ne pus rien avaler pendant trois jours.

Un matin où il venait m'apporter de l'eau pour me maintenir vivant en attendant que mes parents paient la rançon, ce cinglé de Berk mit le pied sur un nid de fourmis carnivores…

Je n'eus jamais mon eau.

J'avais de plus en plus soif et je maudissais saint Pierre qui m'avait envoyé dans un pays aussi sec, où je risquais de finir avec la peau comme de l'écorce de mimosa… Mais enfin, ce n'était peut-être pas de soif que je mourrais : mises en appétit, les fourmis se dirigeaient maintenant vers moi en une colonne impressionnante.

C'est alors qu'arriva un chien, sympa, qui entreprit de ronger mes liens et me sauva des fourmis.

Je ne voyais plus mon méhari, et chacun sait qu'il est impossible de traverser le désert sans chameau. J'avais faim et soif, il ne me restait plus une seule datte. J'étais vraiment désespéré et, pour tout dire, je commençais à trouver cette vie pas géniale, lorsqu'un nuage de sauterelles s'abattit sur nous.

Je capturai celles qui se trouvaient à ma portée, et les fis cuire sur un feu de crottes laissées dans le coin par mon méhari, puis je partageai avec le chien. (Tiens ! là, je n'étais plus végétarien. Il faut dire que dans le désert, on ne peut pas se permettre d'avoir trop de principes.)

Était-ce la bonne odeur des sauterelles grillées dont il raffolait ? Mon méhari revint vers moi. Je dis adieu au chien qui préférait rester sous les mimosas où le sable était moins chaud et, malgré le mal de mer, je remontai en selle en demandant au chameau de me trouver un peu d'eau avant que mes lèvres ne se collent et que je ne puisse plus ouvrir la bouche.

Le soleil était au plus haut lorsque j'aperçus enfin un de ces trous d'eau qu'on appelle un marigot. Mon méhari y courut, puis s'arrêta net. Je repérai alors, sur le bord de l'eau, un dos brun et écailleux. Flûte ! Cette mare était la propriété d'une famille de crocodiles.

Ils furent d'accord pour que je boive, à condition qu'après ils me mangent. Donnant donnant. Je ne sais pas pourquoi, cet accord ne me plaisait pas trop. Je leur fis remarquer que je n'avais que dix ans, qu'il n'y avait encore pas grand-chose à manger sur mes pauvres os et que leur intérêt était donc de me laisser grandir.

Ah les brutes ! Sans attendre que le moindre accord entre nous soit signé, voilà qu'ils se précipitent sur moi. Heureusement que je ne montais pas un simple chameau mais un méhari de course… Il démarra au quart de tour en flanquant un bon coup de pied dans la mâchoire du père croco, le laissant estourbi sur le bord du marigot.

La bouche sèche, le gosier en feu, je repris ma route. Ma soif avait même été attisée par la vue de cette maudite mare. Mon méhari marcha jusqu'au soir sans rencontrer le moindre point d'eau. Ah ! je le retenais, saint Pierre, avec sa chaleur ! Il ne connaissait aucune mesure : il ignorait la différence entre chaleur et canicule. Forcément, au ciel, le climat est tempéré. Je repensai avec regret à mon métier de garçon de café, que je n'avais pas su apprécier à sa juste valeur.

Le méhari n'avait pas l'air de souffrir autant que moi de la soif, la suite me le prouva : alors que

j'apercevais enfin les palmiers de mon oasis, voilà que ce chameau de méhari aperçoit, lui, une petite méhari blanche, très élégante, je le reconnais. Au lieu d'aller vers l'eau, il se dirige vers elle en tortillant de l'arrière-train pour faire l'intéressant.

Impossible de lui faire entendre raison, et j'étais sûr que si je restais une minute de plus sans boire, j'en mourrais aussi sec (!). Sans réfléchir et sans chaussures (évidemment), je sautai à terre pour courir à l'oasis.

Le sable était brûlant. On ne le dira jamais assez : il ne faut pas marcher pieds nus dans le désert. Je me rôtis atrocement les pieds.

Ma mère me soigna avec des crèmes et des onguents. Hélas, rien n'y fit. Alors que j'avais échappé à ce débile de Berk, aux fourmis, à la soif, aux crocodiles, mes blessures s'infectèrent...

On n'imagine pas mourir plus bêtement.

J'arrivai au ciel en pleine effervescence, en même temps qu'une cohorte d'enfants victimes d'une épidémie de choléra infantile. Comme je n'avais que dix ans, je me glissai parmi eux.

Saint Pierre ne savait plus où donner de la tête pour séparer les gentils (qui avaient droit au paradis directement) des moins gentils (qui devraient faire un peu pénitence). Il essaya de procéder par ordre et demanda :

— Que tous ceux qui ont déjà, au moins une fois, désobéi à leurs parents se mettent à gauche.

Tout le monde se mit à gauche, sauf un qui resta à droite. Nous nous retournâmes tous pour le regarder : cet enfant était un saint, et nous n'en avions jamais vu auparavant. Lui, il nous observait avec curiosité, et nous avons sur le coup pensé qu'il nous jugeait mal. Saint Pierre resta un moment étonné, puis il s'exclama :

— Ah ! C'est le petit sourd !

Il demanda à un des anges de lui parler par le langage des signes, et quand le petit sourd comprit ce qu'on lui demandait, il nous rejoignit.

Comme je connaissais déjà l'endroit et que le tri risquait d'être un peu long, j'allai tout de suite tirer saint Pierre par la manche :

— Cette vie était vraiment nulle, rouspétai-je, parce que…

Il ne me laissa pas finir. Il leva un doigt sévère et me dit :

— Tu as eu sept vies, ça suffit. Personne n'a droit à plus que ça, en aucun cas.

Alors ça, c'était un peu fort ! Je n'avais pas eu une vie qui rachète l'autre, elles avaient toutes été gâchées par mes problèmes de pieds ! J'avais quand même droit au moins à UNE vie sans souffrir des pieds !

— Tu n'as pas droit à plus de sept vies, insista saint Pierre. File au magasin général chercher ton costume.

Et il me fit un geste autoritaire du bras, pour me désigner l'endroit.

Ça va, ça va… je connais.

Le magasinier était débordé, parce qu'il n'avait pas prévu assez de petites tailles, et il espérait bien que saint Pierre renverrait quelques-uns des nouveaux arrivants sur Terre.

Je me proposai immédiatement, mais le couperet tomba aussitôt : il me chanta la même rengaine que saint Pierre : « Tu n'as pas droit à plus de sept vies. »

— D'ailleurs, ajouta-t-il, pour éviter des cas comme le tien, maintenant on prépare des paquetages.

— Quel genre de paquetage ? m'informai-je.

— Hé bien, on met dans un grand sac tout ce qu'il faut à celui qui repart pour une nouvelle vie. Cela lui évite les mauvaises surprises.

— Ah bon ? Je peux voir ?

Le magasinier ouvrit la porte de derrière et me montra une rangée de sacs blancs, genre sacs de marin. J'en pris un pour voir ce qu'on avait mis dedans…

Je n'eus même pas le temps de l'ouvrir. Saint Pierre entra par l'autre porte, ce qui provoqua un courant d'air effrayant qui nous renvoya, le sac et moi, sur Terre !

8

Je ne sais plus où donner de la tête

Me voilà je ne savais où. Avec, à la main, un sac de marin, je supposai que je devais m'engager dans la Marine et je craignais déjà le mal de mer. Mais enfin, je ne pouvais me retourner contre personne : ce qui m'arrivait là était accidentel. Je me rendis donc au port le plus proche.

C'est là que je remarquai que les marins des magnifiques bateaux (sur lesquels je n'avais aucune envie de mettre les pieds) portaient des bonnets avec des pompons rouges. Je fouillai dans mon paquetage, et trouvai effectivement sur le dessus un bonnet…

Les marins se moquèrent de moi en le voyant : mais non ! ce n'était pas un bonnet de marin ! Cela ressemblait plutôt aux bonnets que portent les bûcherons.

Bûcherons… L'idée d'être bûcheron, je dois le dire, m'inquiéta un peu. Surtout à cause de ma maladresse légendaire. La seule vraie question qui se poserait alors était : avec une hache à la main et les capacités qui me caractérisaient, qui tuerais-je en premier ? Moi-même ou un camarade ?

Le cœur un peu serré, je me traînai jusqu'au Canada.

Un moment, je restai à observer ces grands costauds qui vous abattent un arbre énorme comme rien, et tâtai avec inquiétude les muscles de mes bras. Puis je songeai opportunément qu'il me fallait aussi, pour faire ce métier, une grosse veste rembourrée. Or, dans mon paquetage, je ne vis qu'une sorte de long manteau. Je le montrai à un bûcheron qui me dit :

— Tu n'es sûrement pas affecté à notre équipe. Avec un manteau comme ça, tu dois être cosaque !

J'ignorais ce qu'était un cosaque. Je me dirigeai donc vers la bibliothèque pour consulter le dictionnaire. C'est là que j'appris qu'un cosaque était un soldat russe, ce qui me fit, je dois le dire, un effet détestable. Soldat, merci, j'avais déjà donné ! Mais comme tout cela n'était la faute de

personne (vous le savez aussi bien que moi), je dus prendre mon courage à deux mains pour assumer mon destin. Et me voilà parti pour la Russie.

Les cosaques rigolèrent bien : ils trouvaient que mon manteau pouvait aller (et encore !), mais que les chaussures ne convenaient pas du tout à ce métier. Ici, on portait des bottes, de solides bottes de cuir. Ah bon ! J'étais plutôt soulagé. Parce que moi, dans mon paquetage, il n'y avait que des chaussons de feutre.

— Ce sont des chaussons de paysan, ça, m'affirma le chef cosaque, de ces chaussons qu'on glisse dans les sabots de bois.

Bah ! paysan, pourquoi pas ? J'avais connu plus difficile.

Je filai donc à la campagne, tout en m'appliquant à observer les champs et les prés, histoire de voir si je saurais reconnaître les plantes. Je me rendis compte que j'étais vraiment très ignorant. Toutefois je pouvais apprendre. La seule chose qui m'inquiétait, c'est qu'il ne fallait pas compter sur moi pour tracer un sillon droit, vous ne l'ignorez pas. Je tentai de me rassurer en me répétant qu'ici il y avait plus d'espace que dans mon oasis du Sahara, et que cela avait peut-être moins d'importance.

Vous me croirez si vous voulez : les paysans ne voulurent pas de moi. D'après eux, ces chaussons ne convenaient pas du tout, c'étaient des chaussons qui ne toléraient ni boue ni eau ; en bref, c'étaient des chaussons de paresseux.

Je décidai donc, avant toute autre démarche, de faire l'inventaire complet de ce qui restait dans mon sac, cela me donnerait peut-être une idée plus précise de mon futur métier.

Ce que je trouvai sous les chaussons me laissa perplexe : c'était un chat. Comme vous le savez, j'avais à plusieurs reprises eu des chiens dans mes vies antérieures, mais des chats, jamais.

Qu'est-ce que saint Pierre avait eu derrière la tête pour prévoir un paquetage pareil ? Est-ce qu'éleveur de chats était un métier ?

Sous le chat, j'aperçus une feuille, et même plusieurs feuilles de papier (pour faire sa litière ?) … puis des crayons, des tas de crayons de toutes sortes. Allons bon ! Je serais donc maître d'école ?

Ensuite, il y avait un grand bureau… Architecte, peut-être ? Ça me plairait bien…

C'est la découverte du petit chauffage électrique et de la chaise rembourrée qui me mit la puce à l'oreille. Je regardai alors plus attentivement le manteau, et reconnus que c'était en fait une robe de chambre !

Pour quel métier aurais-je besoin d'un bonnet, d'une robe de chambre, de chaussons, d'un chat, de papier et de crayons, d'une table, d'un radiateur et d'une chaise rembourrée ?

Bien sûr ! J'étais écrivain ! Mon travail serait d'imaginer des histoires, bien au chaud, les deux pieds dans de confortables chaussons. Je pourrais alors m'inventer toutes les vies que je voudrais !

Je caressai le chat d'un air rêveur, puis me frottai les mains de satisfaction. Sans le vouloir, saint Pierre m'avait trouvé exactement ce qu'il me fallait.

Et, enfin, je pouvais vivre sept vies, et même plus, sans avoir mal aux pieds !

Table

Si tu as aimé ce roman
d'Évelyne Brisou-Pellen,
tourne vite la page
et découvre un extrait de

Meurtre au palais

An 792, forteresse de Wisburg

— Que se passe-t-il ? s'affola la femme.

Le chef de la garde ajusta rapidement son casque de cuir et répondit :

— Ils cognent dans la porte du rempart, ils demandent qu'on leur ouvre.

— Mon Dieu ! Et qu'allez-vous faire ?

— Résister. (Il sangla son épée sur sa cuirasse bardée de fer.) Prends la petite et file par les souterrains. Partez vite, je ne veux pas qu'elle tombe entre leurs mains.

La femme se précipita vers le coffre où elle rangeait les nappes, attrapa la première venue et en enveloppa la fillette qui, assise à la table, tentait avec application de faire tenir une assiette de bois sur le goulot d'une cruche. Brutalement arrachée à son banc, la petite eut un spasme de frayeur. La femme lui appuya le visage contre son épaule et s'engouffra avec elle dans l'escalier de la cave.

Elle n'avait pas de torche, et il faisait sombre. Tout en chuchotant à la fillette des mots rassurants pour qu'elle ne crie pas, elle se guidait en suivant de sa main libre les pierres humides du mur.

Elle aperçut enfin le jour au bout du tunnel, et cela lui donna de l'espoir. De l'espoir et de la frayeur, parce que, pendant un instant, elle se trouverait à découvert. Jusqu'à ce qu'elle atteigne les buissons. À partir de là, tout irait bien.

— Hop ! On essaye de filer ?

La femme se raidit. Elle était aveuglée par le soleil, et la pointe d'une épée lui vrillait les reins.

— Pose la fille, poursuivit la voix.

Les mains tremblantes, la femme déposa l'enfant sur le sol. Sans lâcher son arme, le soldat tourna alors autour d'elle pour la voir de face. Un rictus moqueur se dessina sur son visage, il releva la pointe de son épée, fit siffler la lame deux fois dans l'air et la lui planta dans le cœur.

La femme s'affaissa doucement, bouche ouverte, un mélange d'effroi et de stupeur sur le visage. La petite se mit à hurler.

An 802, Aix-la-Chapelle

Sinistre découverte

Tout était silencieux sous les galeries à arcades qui entouraient la piscine. À cette heure matinale, une vapeur enveloppante montait de l'immense bassin, et les reflets du soleil dansaient sur l'eau. Cela aurait dû attirer l'attention d'Alaïs, seulement son esprit était ailleurs. Cette lumière faisait ressurgir en elle un souvenir lointain, un souvenir douloureux mais si vague qu'elle était incapable de le formuler.

Elle avait treize ans et elle avait déjà vécu trois vies. D'abord dans la forteresse gouvernée par son père, en Bavière ; puis chez le préfet Gérold, qui l'avait recueillie à la mort de ses parents ; enfin ici, à la cour de l'empereur Charles[1], où elle résidait depuis cinq ans. Quelque chose, dans l'une de ces trois vies, était sans doute à l'origine de la souffrance qui explosait ainsi parfois en elle ; pourtant, quand elle se concentrait pour faire ressurgir des images enfouies, elle n'entendait que les battements terrifiés de son cœur.

1. On ne l'appellera « Charlemagne » qu'après sa mort.

Elle sursauta. La porte d'entrée avait claqué.

Ce n'était que Rothilde. La plus jeune des filles de l'empereur ne savait rien faire avec douceur. Ôtant ses sandales sur le pavement humide, elle s'exclama :

— Profitons-en, mon père va bientôt rentrer de voyage, et ce bassin sera plein de guerriers crasseux.

Alaïs eut un sourire pour commenter :

— L'invasion ne durera pas. (Elle détacha un ruban de sa ceinture.) On est bientôt en mai, ils vont tous repartir pour la guerre.

Elle se servit du ruban pour nouer ses cheveux sur sa nuque, d'épais cheveux blonds qui faisaient l'admiration de sa mère.

Elle chassa ces pensées. Elle avait beaucoup de chance de vivre au palais impérial, de ne manquer de rien, d'avoir le droit de plonger dans cette eau merveilleuse qui leur venait toute chaude du ventre de la terre. Si chaude qu'on avait même dû détourner un ruisseau pour la rafraîchir. Le père de l'empereur, Pépin le Bref, avait réaménagé le bassin, mais on disait que les Romains s'y baignaient déjà.

— En plus, reprit Rothilde en délaçant le haut de sa tunique de dessus, mon père va me demander si j'ai fait des progrès en natation.

— Et tu en as fait ? s'informa Alaïs avec amusement.

— Aucun. (Rothilde pouffa.) Je ne vois pas d'intérêt à visiter ce bassin d'un bout à l'autre.

L'eau est partout la même ! Je préfère patauger en toute tranquillité. Mon père, évidemment, c'est le roi de la natation. (Elle prit l'accent irlandais de leur maître d'école.) *Charles, sérénissime auguste, couronné par Dieu, grand et pacifique empereur, gouvernant l'Empire romain et également, par la grâce de Dieu, roi des Francs, des Lombards*... Et de la natation.

Elles rirent. Alaïs ne s'y trompait pas : si Rothilde se moquait du titre interminable sous lequel on devait désigner Charles depuis qu'il était empereur, elle adorait néanmoins son père. Elle souffrait juste de n'en être pas la fille légitime.

Pourtant l'empereur ne faisait aucune différence entre ses enfants, ceux qu'il avait eus de ses cinq épouses successives et ceux qui, comme Rothilde, étaient nés de ses concubines. Si elle n'était pas partie en voyage avec lui comme ses aînés, c'est juste qu'elle n'avait que douze ans et ne pouvait manquer l'école.

L'attention d'Alaïs fut soudain attirée par ce qu'elle aurait dû percevoir tout de suite : l'eau n'était pas aussi lisse et argentée que d'ordinaire, elle frissonnait d'éclairs lumineux renvoyés par des vagues minuscules. Quelque chose flottait.

Le corps d'un homme ! Agrippant vivement le bras de Rothilde, elle le lui désigna.

Elles restèrent un moment immobiles, le souffle court, avant de se décider à contourner le bassin pour s'en approcher.

L'homme ne bougeait plus. Elles ne voyaient pas son visage, mais son habillement était celui d'un paysan.

— Il est mort, chuchota Rothilde.

— On devrait le sortir de l'eau.

— Merci bien, je n'ai aucune envie de toucher un cadavre ! On ne sait même pas de quoi il est mort.

— Il est mort de suffocation, tu le vois. Il s'est noyé.

— Comment peut-on se noyer dans un endroit où l'on a pied ?

Il y eut un silence, puis Alaïs déclara d'une voix sourde :

— On peut. Si quelqu'un vous maintient la tête sous l'eau.

Et elle sentit monter en elle une terreur irraisonnée. Elle se frotta vite les tempes et s'appliqua à fixer son attention sur quelque chose de neutre, par exemple la vapeur qui se condensait sur les colonnes et redescendait en ruisselant jusqu'au sol.

Elle se crispa. Il y avait quelqu'un derrière la colonne ! Elle chercha vite un objet pour se défendre, un bâton, une arme, mais il n'y avait rien… que les torches neuves accrochées au mur. Elle en arracha une de son support et cria :

— Sortez de là !

Et aussitôt, elle regretta de n'avoir pas plutôt alerté un serviteur.

[…]

Composition : Francisco *Compo*
61290 Longny-au-Perche

Impression réalisée par

CPI
BRODARD & TAUPIN

La Flèche (Sarthe), le 12-12-2011
N° d'impression : 66787

Dépôt légal : novembre 2008

Suite du premier tirage : décembre 2011

Imprimé en France

POCKET jeunesse

12, avenue d'Italie

75627 PARIS Cedex 13